ÉPITRE

AUX

RELIGIEUX EXPULSÉS

> Les décrets substitués aux lois, les domiciles et la liberté individuelle violés, la force publique mise au service des crocheteurs de serrures, la propriété envahie..... tout cela est-il oublié ?
>
> (Discours prononcé par M. Lucien Brun, à Lille, le 20 mars 1881.)

ANGERS

IMPRIMERIE-LIBRAIRIE GERMAIN ET G. GRASSIN
RUE SAINT-LAUD

—

1881

ÉPITRE

AUX

RELIGIEUX EXPULSÉS

ÉPITRE

AUX

RELIGIEUX EXPULSÉS

> Les décrets substitués aux lois, les domiciles et la liberté individuelle violés, la force publique mise au service des crocheteurs de serrures, la propriété envahie..... tout cela est-il oublié ?
>
> (Discours prononcé par M. Lucien Brun, à Lille, le 20 mars 1881.)

ANGERS

IMPRIMERIE-LIBRAIRIE GERMAIN ET G. GRASSIN

RUE SAINT-LAUD

—

1881

ÉPITRE

AUX

RELIGIEUX EXPULSÉS

Prêtres chers et bénis que d'indignes exploits,

De la liberté sainte, invalidant les droits,

Ont chassé, sans pitié, de vos humbles cellules

Au nom déshonoré de décrets ridicules,

Décrets que la justice, en s'éloignant de nous,

Compare stupéfaite à des lois de Zoulous ;

Souffrez qu'un catholique ému de vos souffrances,

Mais qui garde pourtant de grandes espérances

Devant votre courage et vos rares vertus,

Ranime, à leur aspect, les esprits abattus.

Le sang d'or de la Croix était humide encore,

Lorsqu'arrosé par lui le monde vit éclore,

De vos ordres divers, les habits vénérés

Cachant presque toujours des héros ignorés.

Sous le souffle puissant qui les avait fait naître,

Benoît, l'un des premiers, semble encore apparaître,

Benoît, nom qui rappelle un illustre dessein

Resté, comme une étoile, au front du Mont-Cassin.

Subjugué par l'attrait de l'état monastique

Il formula sa règle austère et sympathique,

Et l'air pur du désert attirant à la Foi,

Bientôt la solitude adopta cette loi.

Alors on vit briller, sur la terre étonnée,

L'ardente Charité d'astres environnée ;

Alors les plus grands cœurs et les plus généreux

Touchés du même amour s'embrasèrent entre eux,

Jetant partout l'éclat d'une telle lumière

Que ses rayons encor couvrent l'Europe entière.

Éloquent Dominique, angélique Thomas,

Docteur dont la raison, comme un divin compas,

Sans vertige a tracé sur la plus haute cime,

Du savoir, ici-bas, la limite sublime ;

François le Séraphique, amant de la beauté

Rendant fou de la Croix et de la pauvreté ;

Fils du glorieux sol qui vit naître Thérèse,

Immortel pénitent du rocher de Manrèse,

Dont la devise était : « Travailler en tout lieu

» A la plus grande gloire, au triomphe de Dieu ; »

Béni Vincent de Paul, âme aux tendres alarmes,

Nuit et jour dévouée au service des larmes ;

Vénérable La Salle, homme d'un plus grand cœur

Devant l'humanité qu'Alexandre vainqueur,

Pour avoir établi ces chrétiennes écoles

Où l'enfant n'obéit qu'à de saintes paroles ;

Quel vif, impérissable et touchant souvenir

N'avez-vous pas laissé, sauveurs de l'avenir !

Oui, sauveurs, par vos fils, ces ouvriers célestes

Aux bienfaits si nombreux, aux besoins si modestes,

Qui, martyrs du devoir, demeureront toujours

L'honneur de notre temps, celui des anciens jours.

Ah ! si l'on déroulait sans haine et sans envie

Mais, avec loyauté, les pages de leur vie,

Partout on y verrait qu'un noble sentiment

Ne cesse d'inspirer ces fils du dévouement.

On y verrait, des uns, la sublime tendresse

Élevant, jusqu'à Dieu, l'enfance et la jeunesse,

Fonder sur ce grand nom les principes du bien,

Sans lesquels tout s'écroule et le bonheur n'est rien.

D'autres se montreraient sur des plages lointaines,

Héros pratiquant là des vertus surhumaines,

L'âme en joie affrontant un climat dangereux

Pour rapprocher du Ciel des peuples malheureux.

Le désir de revoir les vertus de la France

Lui rendre sa grandeur et sa prépondérance,

Reconquérir l'amour des grands et des petits,

Nous ravirait encor dans ces chrétiens récits.

Enfin l'on y verrait la fervente prière

Apportant, à chacun, la force et la lumière,

Et tous les cœurs épris de la divinité

Ne battre que pour elle et pour la vérité.

Quel spectacle ! et pourtant des esprits lamentables

Osent venir traiter d'ambitieux coupables,

De jaloux du pouvoir, de maîtres effrayants,

Ces athlètes du Christ, ces généreux croyants,

O gardiens vénérés du culte de nos pères,

Ineffable bienfait qui, malgré ses mystères,

Allume, sur nos pas, un merveilleux flambeau

Éclairant notre vie au-delà du tombeau ;

Ministres du Très-Haut et de la seule Église

Qui vraiment régénère et vraiment civilise,

Unissant par la foi, l'espérance et l'amour,

L'homme à Dieu comme l'aube unit la terre au jour ;

Depuis qu'un ordre tient vos chapelles fermées,

Que leurs dalles, de fleurs, ne sont plus embaumées,

Et qu'aux heures du soir vos sympathiques voix

Ne s'y font plus entendre à des chrétiens de choix,

Affermissant en eux l'amour du sacrifice

Le seul qui fortifie et détache du vice ;

Depuis que dans ces lieux profanés et déserts

Le deuil a remplacé le chant des saints concerts ;

L'État jouit-il donc de plus de quiétude ?

La France a-t-elle un nom moins dans la solitude ?

Et les cris proférés contre une auguste loi

Cesseraient-ils enfin d'effrayer notre Foi ?

Loin de là, l'épouvante augmente dans les âmes,

On aperçoit du sang, on aperçoit des flammes,

Et, pour la déchirer, la plus affreuse main

Semble, comme un vautour, guetter le genre humain.

Un savoir en révolte et qui n'est que faconde

Nous entraîne insensés dans une nuit profonde

Où ni la Liberté, la Justice et la Paix,

Trois nobles sœurs pourtant, ne règneront jamais.

A leur place déjà l'horrible tyrannie

Sur nous a déchaîné son plus mauvais génie,

Ignoble visiteur qui pénètre partout,

Démolissant, brisant et voulant changer tout.

Sous le joug flétrissant de cet être néfaste,

L'esprit humain troublé, s'abaisse et se dévaste,

Il n'a plus d'idéal, plus de nobles désirs,

On sent qu'il est tombé jusque dans ses plaisirs.

Dieu du Catholicisme ! ô Dieu de l'Espérance !

Sois encore notre appui ! viens secourir la France !

Son beau vaisseau fléchit, qu'un héroïque effort

L'enlève à la tempête et le ramène au port.

Ce qui nous en éloigne et justement nous prive

De jours plus fortunés d'une attente si vive,

C'est qu'au fond de ce cœur, par le tien, racheté,

Trop d'égoïsme encor prime la Charité,

Nous poussons de grands cris sur les fautes des autres,

Mais, Seigneur, nous vivons sans bruit avec les nôtres,

L'orgueil toujours croissant et l'intérêt mauvais

Qui font souvent de nous un plus triste marais.

Sortons d'un tel miasme. Arrachons à l'abîme

Les trésors en péril de notre âme sublime,

Et, chrétiens généreux touchés de repentir,

Osons nous prosterner, osons nous convertir.

C'est alors que Celui qui veut que l'on pardonne

Septante fois sept fois et met une couronne

Sur le front du pécheur avant la fin du jour

Témoin béni du Ciel de son heureux retour,

Abaissant, sur la France, un regard favorable,

Lui tendra sûrement une main secourable,

Et que tous les enfants de ce noble pays

Si longtemps aveuglés, si longtemps désunis,

Éclairés des rayons d'une même lumière,

Désormais sans déclin et pour eux la première

En puissance, en éclat, en divine beauté,

Pourront à Lucifer dire avec vérité :

« Retire-toi Satan, va, ta besogne est faite,

» Des soldats de l'enfer commence la défaite,

» Et, malgré ses efforts, la République — Effroi

» S'abîme devant Dieu qui veille à notre Foi. »

ANGERS, IMP. GERMAIN ET G. GRASSIN.

www.ingramcontent.com/pod-product-compliance
Lightning Source LLC
Chambersburg PA
CBHW061236050726
47594CB00009B/3902